Impressum
Verlag: BABADADA GmbH, Nedderfeld 112 , 22529 Hamburg
Geschäftsführer / Verlagsleitung: Harald Hof
Druck: Books on Demand GmbH, In de Tarpen 42, 22848 Norderstedt

Imprint
Publisher: BABADADA GmbH, Nedderfeld 112 , 22529 Hamburg, Germany
Managing Director / Publishing direction: Harald Hof
Print: Books on Demand GmbH, In de Tarpen 42, 22848 Norderstedt, Germany

skola

sekolah

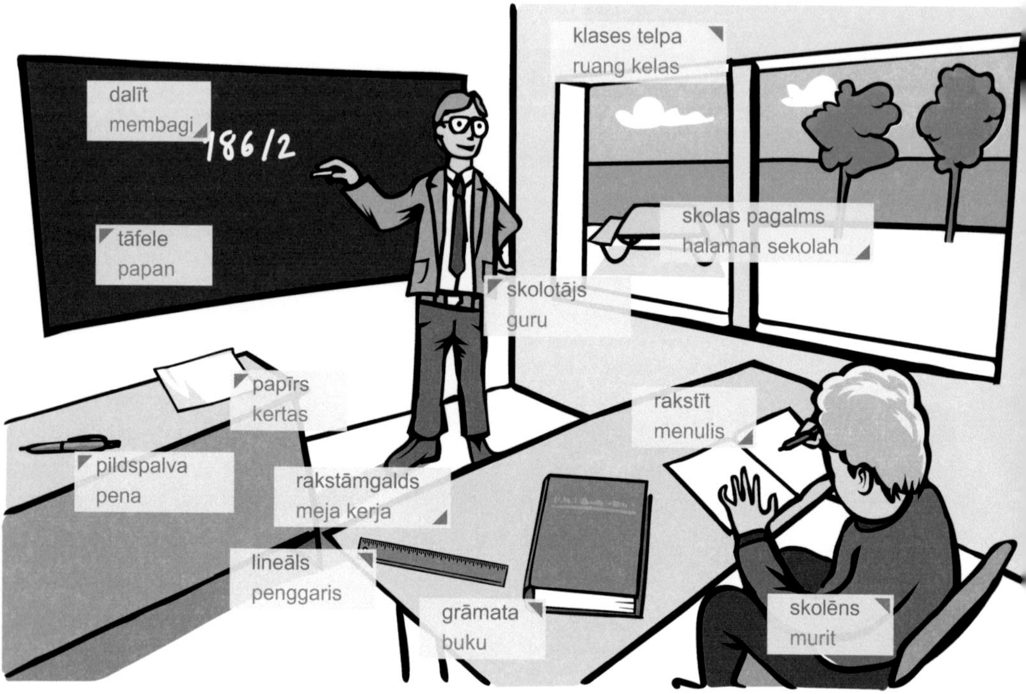

klases telpa
ruang kelas
dalīt
membagi
186/2
tāfele
papan
skolas pagalms
halaman sekolah
skolotājs
guru
papīrs
kertas
rakstīt
menulis
pildspalva
pena
rakstāmgalds
meja kerja
lineāls
penggaris
grāmata
buku
skolēns
murit

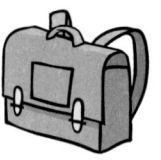

skolas soma

tas sekolah

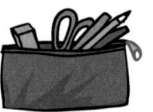

penālis

tempat pensil

zīmulis

pensil

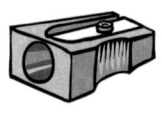

zīmuļu asināmais

pengasah pensil

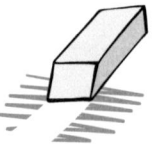

dzēšgumija

penghapus

zīmēšanas bloks

kertas gambar

zīmējums

gambar

ota

kuas

krāsas

kotak cat

šķēres

gunting

līme

lem

darba burtnīca

buku latihan

mājas darbs

pekerjaan rumah

skaitlis

angka

saskaitīt

tambhakan

atņemt

mengurangi

reizināt

mengalikan

rēķināt

menghitung

burts

huruf

alfabēts

alfabet

vārds

kata

teksts

teks

lasīt

membaca

krīts

kapur

mācību stunda

pelajaran

žurnāls

daftar

eksāmens

ujian

liecība

sertifikat

skolas forma

seragam sekolah

izglītība

pendidikan

enciklopēdija

ensiklopedi

universitāte

universitas

mikroskops

mikroskop

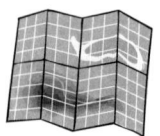

karte

peta

papīrgrozs

tempat sampah

viesnīca
hotel

Grand

hostelis
hostel

ROOMS

valūtas maiņas punkts
kantor pertukaran mata uang

EXCHANGE

čemodāns
koper

automašīna
mobil

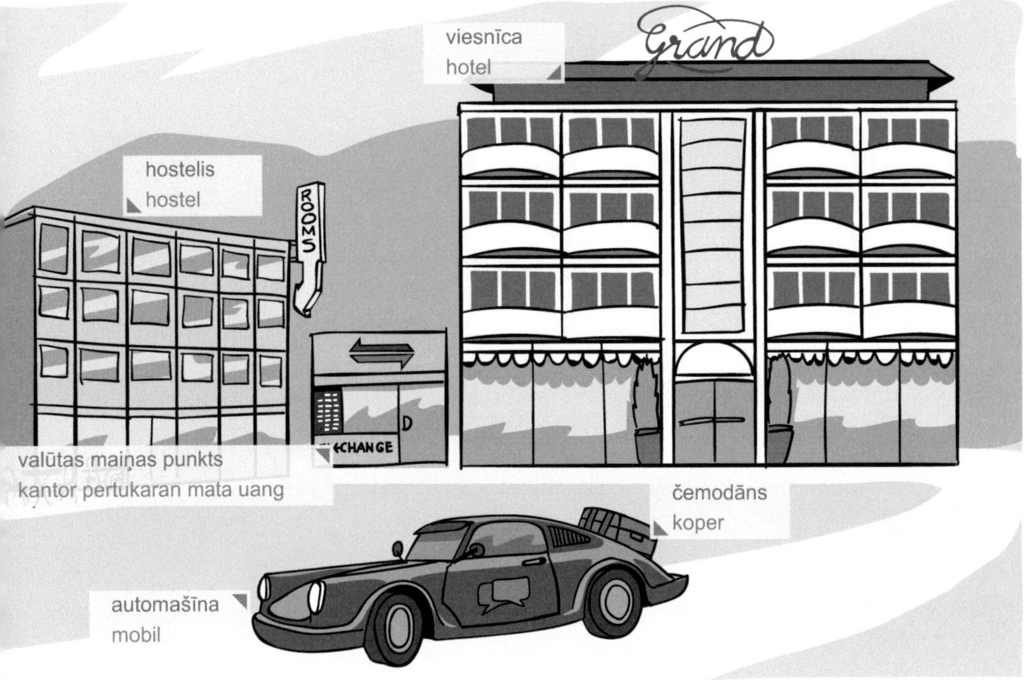

Valoda

bahasa

jā / nē

ya / tidak

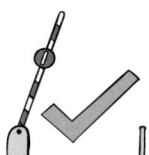

Okay

okay

Sveiki!

hallo

tulks

penerjemah

paldies

terima kasih

Cik maksā...?

Berapa harganya...?

Es nesaprotu

saya tidak mengerti

problēma

masalah

Labvakar!

Selamat malam!

Labrīt!

Selamat siang!

Ar labu nakti!

Selamat tidur!

Uz redzēšanos

sampai jumpa

virziens

arah

bagāža

bagasi

soma

tas

mugursoma

ransel

viesis

tamu

istaba

ruang

guļammaiss

kantong tidur

telts

tenda

tūrisma informācija

informasi wisata

pludmale

pantai

kredītkarte

kartu kredit

brokastis

sarapan

pusdienas

makan siang

vakariņas

makan malam

biļete

tiket

lifts

elevator

pastmarka

perangko

robeža

perbatasan

muita

cukai

vēstniecība

kedutaan

vīza

visa

pase

paspor

transports
transportasi

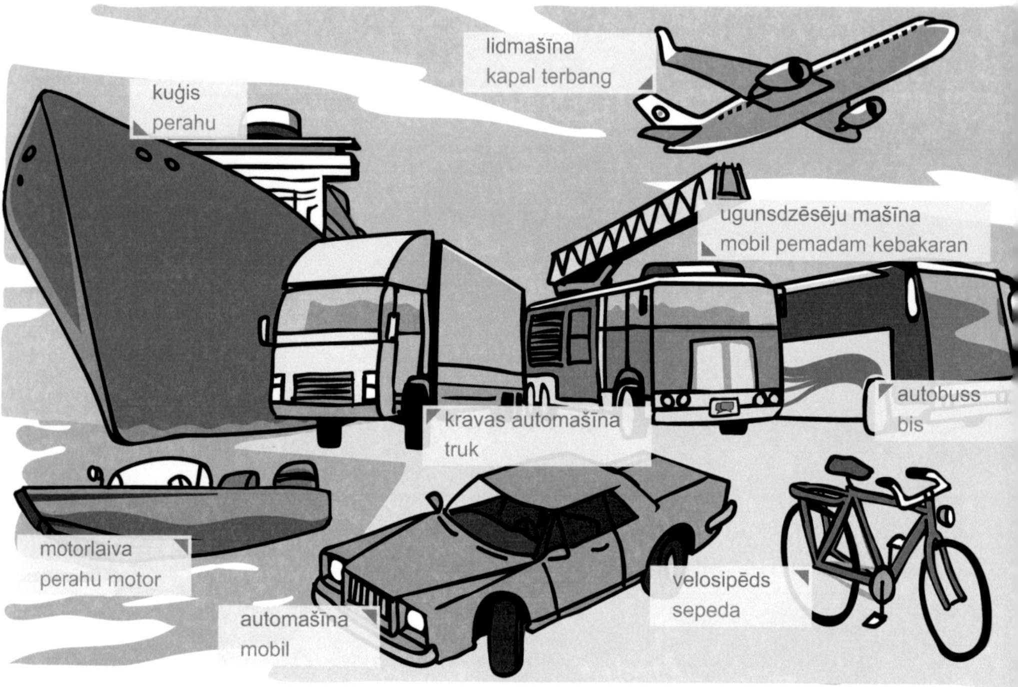
lidmašīna
kapal terbang
kuģis
perahu
ugunsdzēsēju mašīna
mobil pemadam kebakaran
kravas automašīna
truk
autobuss
bis
motorlaiva
perahu motor
velosipēds
sepeda
automašīna
mobil

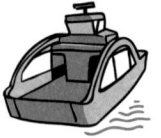

prāmis

feri

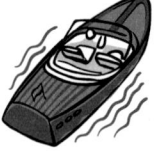

laiva

perahu

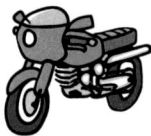

motocikls

sepeda motor

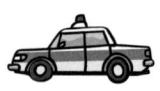

policijas automašīna

mobil polisi

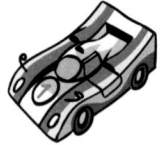

sacīkšu automobilis

mobil balapan

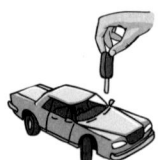

nomas auto

mobil sewa

auto koplietošana

berbagi mobil

evakuators

truk derek

atkritumu mašīna

truk sampah

dzinējs

motor

benzīns

bahan bakar

degvielas uzpildes stacija

bensin

ceļa zīme

tanda lalulintas

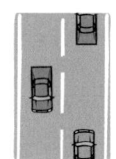

satiksme

lalulintas

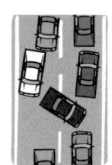

sastrēgums

macet

stāvvieta

parkir mobil

dzelzceļa stacija

stasiun kereta

sliedes

trek

vilciens

kereta api

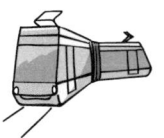

tramvajs

tram

vagons

gerobak

helikopters
helikopter

lidosta
bendara

tornis
menara

pasažieris
penumpang

konteiners
container

kaste
karton

ratiņi
troli

grozs
keranjang

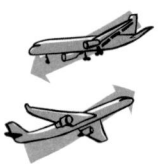

pacelties / nosēsties
berangkat / mendarat

pilsēta
kota

ciems
desa

pilsētas centrs
pusat kota

māja
rumah

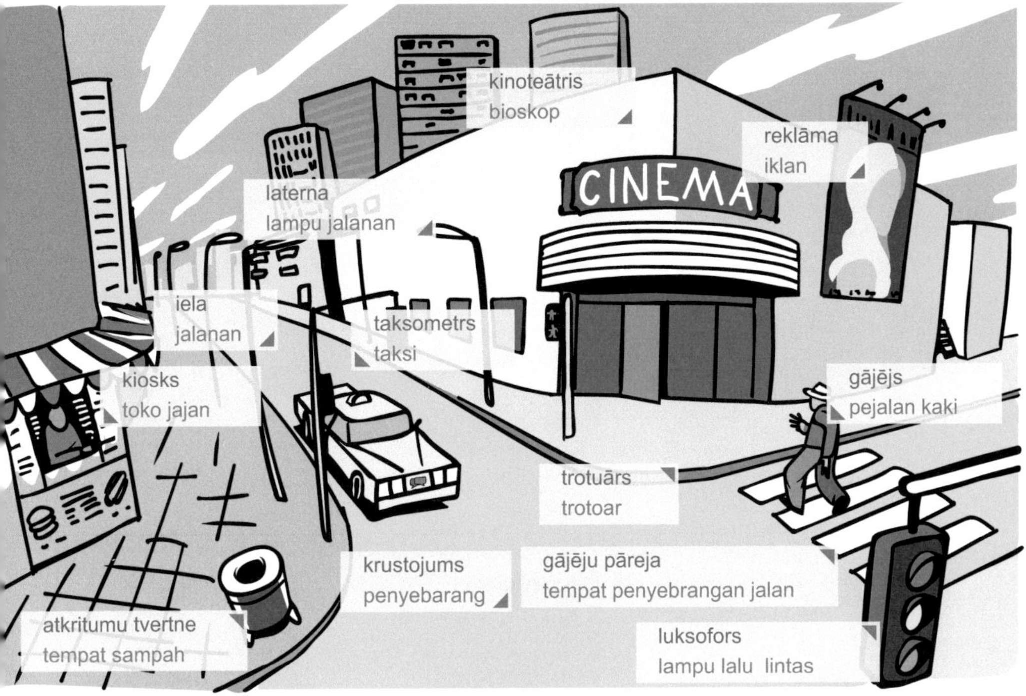

kinoteātris
bioskop
reklāma
iklan
CINEMA
laterna
lampu jalanan
iela
jalanan
taksometrs
taksi
kiosks
toko jajan
gājējs
pejalan kaki
trotuārs
trotoar
krustojums
penyebarang
gājēju pāreja
tempat penyebrangan jalan
atkritumu tvertne
tempat sampah
luksofors
lampu lalu lintas

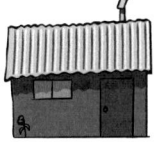

būda

gubuk

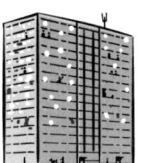

dzīvoklis

rumah flat

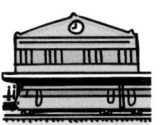

dzelzceļa stacija

stasiun kereta

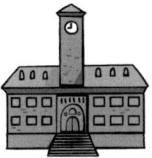

rātsnams

balai kota

MUSEUM

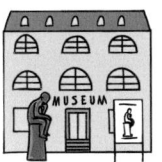

muzejs

museum

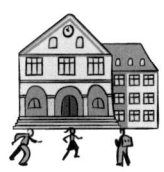

skola

sekolah

universitāte

universitas

banka

bank

slimnīca

rumah sakit

viesnīca

hotel

aptieka

farmasi

birojs

kantor

grāmatnīca

toko buku

veikals

toko

ziedu veikals

toko bunga

lielveikals

supermarket

tirgus

pasar

tirdzniecības centrs

toko serba ada

zivju tirgotājs

nelayan

tirdzniecības centrs

pusat belanja

osta

pelabuhan

parks

taman

sols

banku

tilts

jembatan

kāpnes

tangga

metro

kereta bawah tanah

tunelis

terowongan

autobusa pieturvieta

pemberhantian bis

bārs

bar

restorāns

restauran

pastkastīte

kotak surat

ielas nosaukuma plāksne

tanda jalan

stāvlaika skaitītājs

meteran parkir

zooloģiskais dārzs

kebun binatang

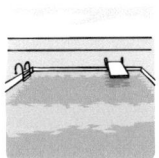

peldbaseins

kolam renang

mošeja

mesjid

zemnieku saimniecība
pertanian

vides piesārņojums
polusi

kapsēta
kuburan

baznīca
gereja

spēļu laukums
tempat bermain

templis
pura

ainava
pemandangan

lapa
daun

ceļrādis
penunjuk arah

ceļš
jalanan

plava
padang rumput

akmens
batu

koks
pohon

ceļotājs
pejalak kaki

upe
sungai

zāle
rumput

puķe
bunga

ieleja

lembah

kalns

bukit

ezers

danau

mežs

hutan

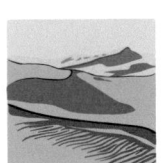

tuksnesis

padang gurun

vulkāns

gunung berapi

pils

istana

varavīksne

pelangi

sēne

jamur

palma

pohon palem

moskīts

nyamuk

muša

lalat

skudra

semut

bite

lebah

zirneklis

laba-laba

vabole

kumbang

varde

kodok

vāvere

tupai

ezis

landak

zaķis

kelinci

pūce

burung hantu

putns

burung

gulbis

angsa

meža cūka

babi jantan

briedis

rusa

alnis

rusa

aizsprosts

bendungan

vēja ģenerators

turbin angin

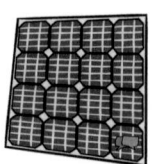

saules baterija

panel surya

klimats

iklim

restorāns
restauran

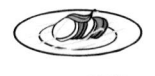

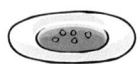

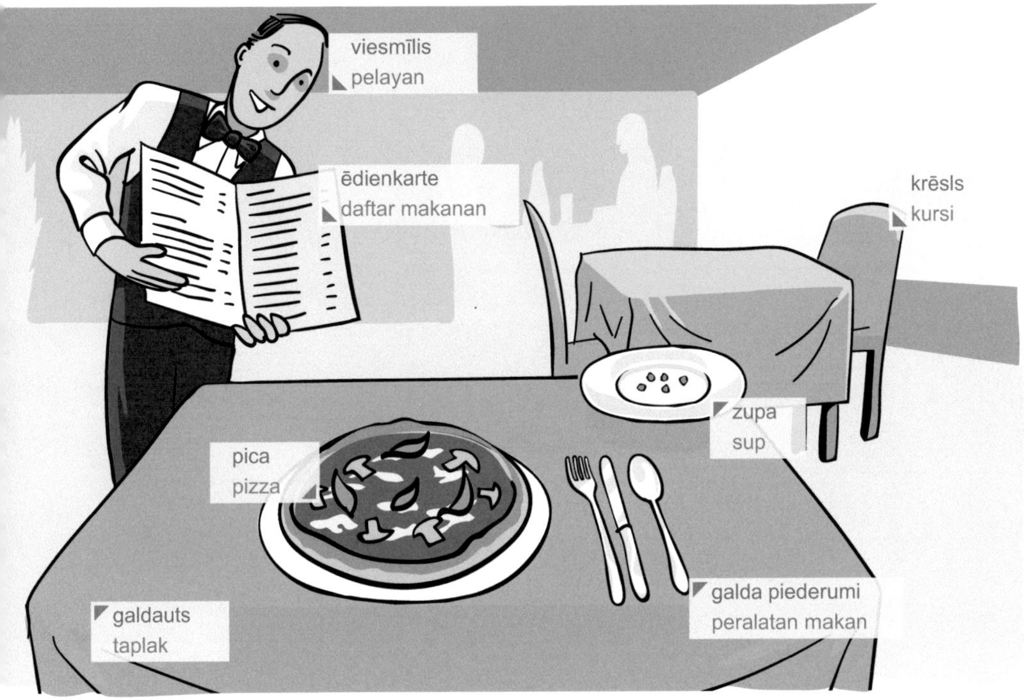
viesmīlis
pelayan
ēdienkarte
daftar makanan
krēsls
kursi
zupa
sup
pica
pizza
galda piederumi
peralatan makan
galdauts
taplak

uzkoda

hindangan pembuka

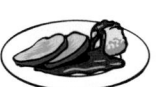

pamatēdiens

hidangan utama

deserts

hidangan penutup

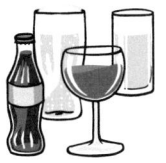

dzērieni

minuman

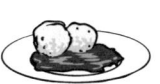

ēdiens

makanan

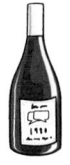

pudele

botol

ātrās uzkodas
fastfood

ielu uzkodas
masakan jalanan

tējkanna
teko teh

cukurtrauks
kaleng gula

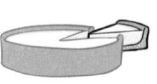

porcija
porsi

espresso kafijas automāts
mesin espresso

bāra krēsls
kursi tinggi

rēķins
tagihan

paplāte
baki

nazis
pisau

dakša
garpu

karote
sendok

tējkarote
sendok teh

salvete
serbet

glāze
gelas

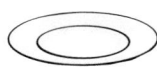

šķīvis

piring

zupas šķīvis

piring sup

apakštase

lepek

mērce

saus

sāls trauciņš

tempat garam

piparu dzirnaviņas

gilingan merica

etiķis

cuka

eļļa

minyak

garšvielas

bumbu

kečups

saus tomat

sinepes

mustar

majonēze

mayones

lielveikals
supermarket

piedāvājums
penawaran khusus
FOR
klients
klien
piena produkti
produk susu
augļi
buah
iepirkumu ratiņi
troli

BUTCHERS

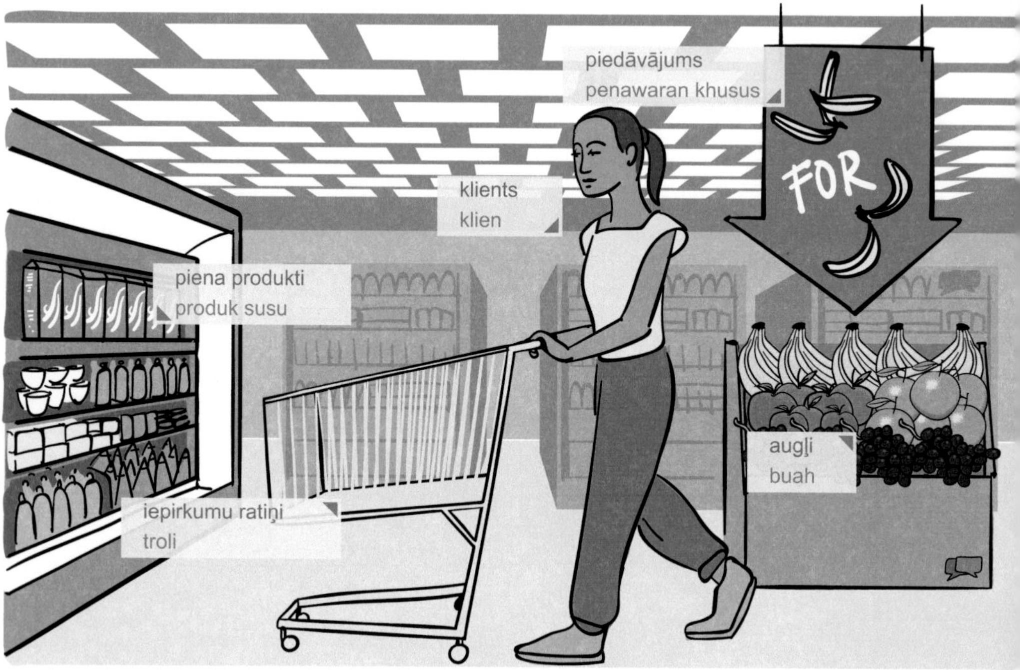

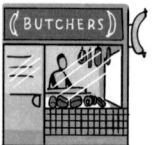

kautuve

pembantai

BAKERY

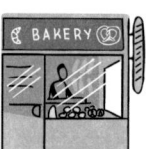

maizes veikals

toko roti

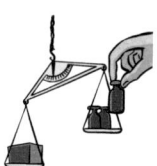

svērt

menimbang

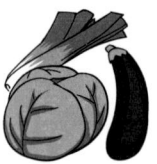

dārzeņi

sayur

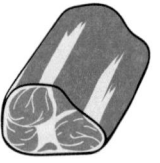

gaļa

daging

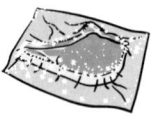

saldēti produkti

makanan beku

aukstās gaļas uzkodas

pemotongan dingin

konservi

makanan kaleng

pulveris

sabun serbuk

saldumi

permen

mājsaimniecības preces

alat-alat rumah tangga

tīrīšanas līdzeklis

obat pembersihan

pārdevēja

penjual

kase

kasa

kasieris

kasir

iepirkumu saraksts

daftar belanja

darba laiks

jam buka

maks

dompet

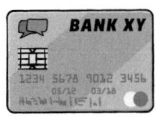

kredītkarte

kartu kredit

soma

tas

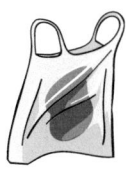

maisiņš

kantong plastik

ūdens

air

sula

jus

piens

susu

kola

cola

vīns

anggur

alus

bir

alkohols

alkohol

kakao

coklat

tēja

teh

kafija

kopi

espresso

espresso

kapučīno

cappucino

banāns

pisang

ābols

apel

apelsīns

jeruk

melone

semangka

citrons

jeruk lemon

burkāns

wortel

ķiploks

bawang putih

bambuss

bambu

sīpols

bawang bombai

sēne

jamur

rieksti

kacang

makaroni

mi

spageti

spagetti

rīsi

nasi

salāti

salat

frī kartupeļi

kentang goreng

cepti kartupeļi

kentang goreng

pica

pizza

hamburgers

hamburger

sviestmaize

sandwich

šnicele

sayatan

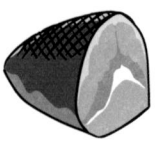

šķiņķis

ham

salami

salami

desa

sosis

vista

ayam

cepetis

menggoreng

zivs

ikan

auzu pārslas

bubur gandum

muslis

sereal

brokastu pārslas

cornflakes

milti

tepung

radziņš

croissant

brokastu maizītes

roti

maize

roti

tostermaize

toast

cepumi

biskuit

sviests

mentega

biezpiens

dadih

kūka

kue

ola

telur

cepta ola

telur goreng

siers

keju

saldējums

eskrim

cukurs

gula

medus

madu

marmelāde

selai

riekstu krēms

krim nugat

karijs

kare

ēdiens - makanan

zemnieku saimniecība
pertanian

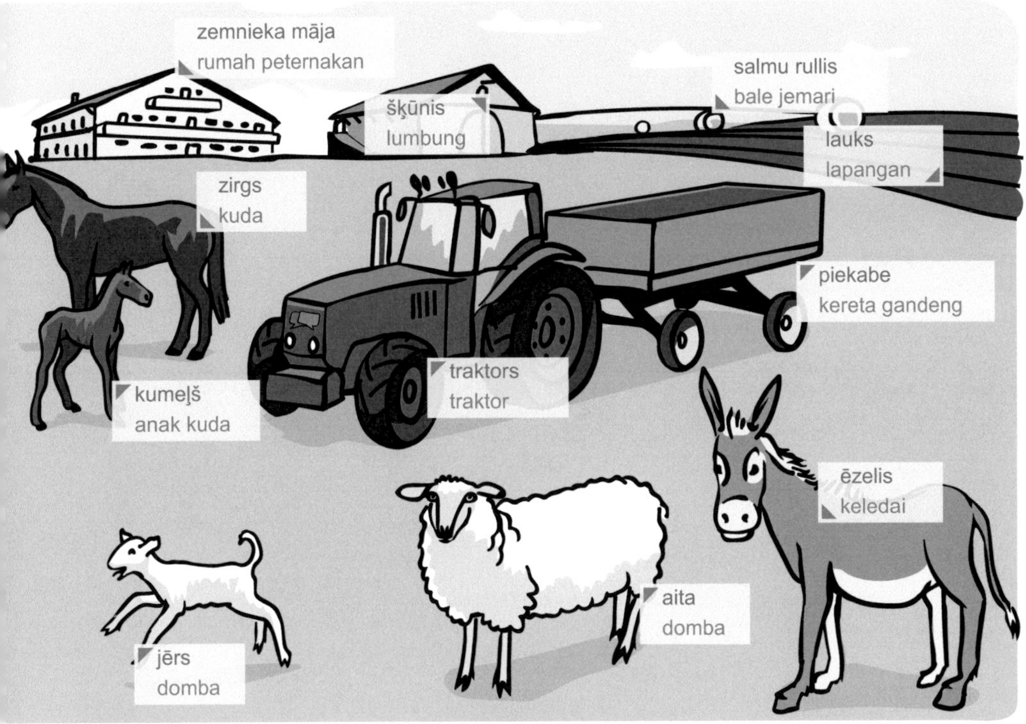

zemnieka māja
rumah peternakan
šķūnis
lumbung
salmu rullis
bale jemari
lauks
lapangan
zirgs
kuda
piekabe
kereta gandeng
traktors
traktor
kumeļš
anak kuda
ēzelis
keledai
aita
domba
jērs
domba

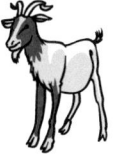

kaza

kambing

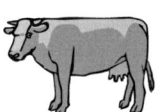

govs

sapi

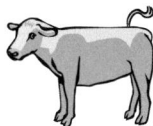

teļš

betis

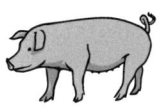

cūka

babi

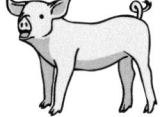

sivēns

celeng

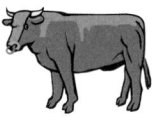

bullis

banteng

zoss

angsa

pīle

bebek

cālis

anak ayam

vista

ayam

gailis

ayam jantan

žurka

tikus

kaķis

kucing

pele

tikus

vērsis

lembu

suns

anjing

suņa būda

rumah anjing

dārza šļūtene

selang

lejkanna

penyiram

izkapts

sabit

arkls

bajak

sirpis

sabit

kaplis

cangkul

mēslu dakša

garpu rumput

cirvis

kapak

ķerra

gerobak

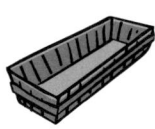

sile

palung

piena kanna

kaleng susu

maiss

karung

žogs

pagar

kūts

kandang

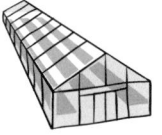

siltumnīca

rumah kaca

augsne

tanah

sēklas

benih

mēslojums

pupuk

kombains

mesin pemanen

novākt ražu

panen

raža

panen

jamss

yams

kvieši

gandum

soja

kedelai

kartupelis

kentang

kukurūza

jagung

rapsis

lobak

augļu koks

pohon buah

manioka

singkong

labība

sereal

māja

rumah

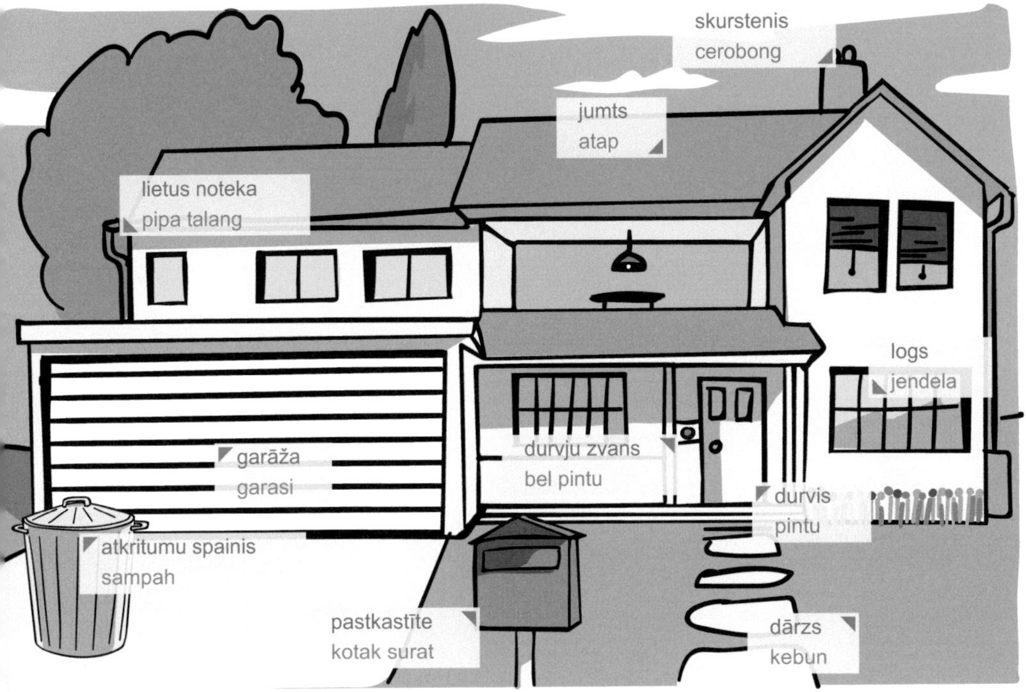

skurstenis
cerobong
jumts
atap
lietus noteka
pipa talang
logs
jendela
garāža
garasi
durvju zvans
bel pintu
durvis
pintu
atkritumu spainis
sampah
pastkastīte
kotak surat
dārzs
kebun

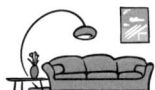

viesistaba

ruang tamu

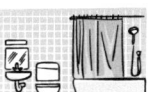

vannas istaba

kamar mandi

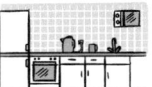

virtuve

dapur

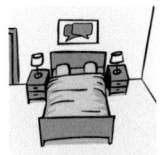

guļamistaba

kamar tidur

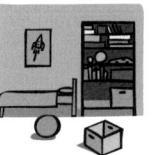

bērnu istaba

kamar anak

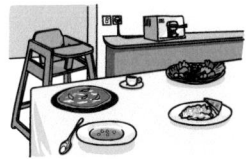

ēdamistaba

kamar makan

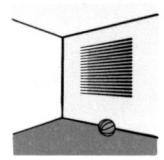

grīda

lantai

siena

tembok

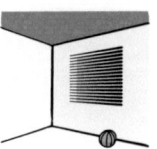

griesti

atap

pagrabs

gudang di bawah tanah

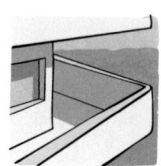

sauna

sauna

balkons

balkon

terase

teras

baseins

kolam renang

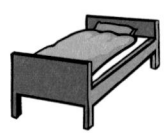

zāles pļāvējs

mesin pemotong rumput

gultas veļa

sprei

sega

selimut

gulta

tempat tidur

slota

sapu

spainis

ember

slēdzis

tombol

viesistaba
ruang tamu

tapetes
kertas dinding
attēls
gambar
lampa
lampu
plaukts
rak
skapis
kabinet
televizors
televisi
kamīns
perapian
puķe
bunga
spilvens
bantal
dīvāns
sofa
vāze
vas
tālvadības pults
remote control

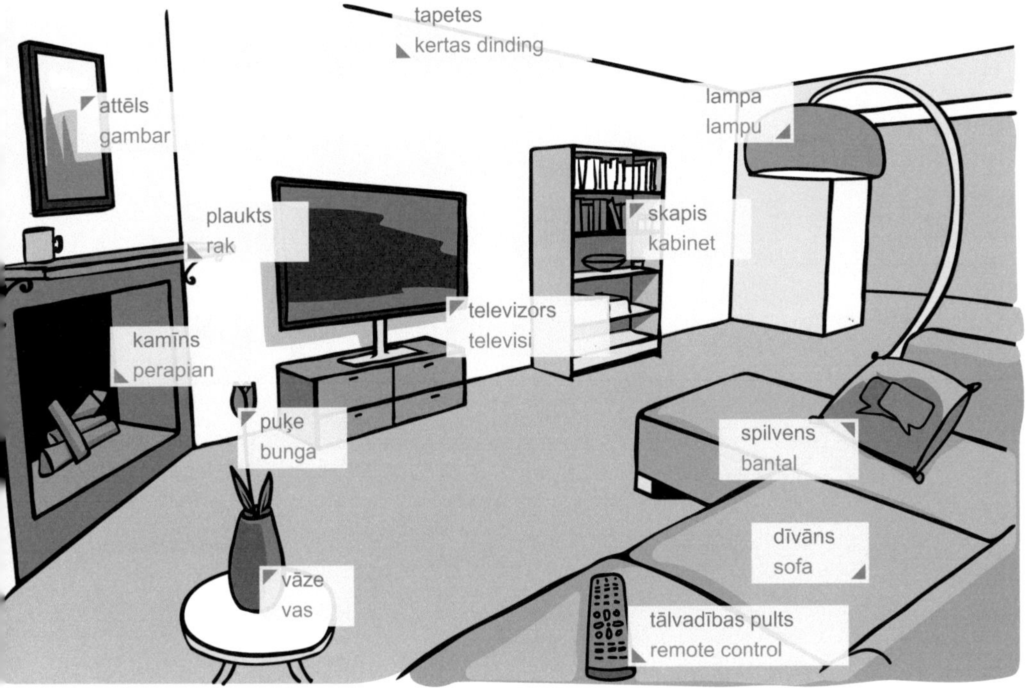

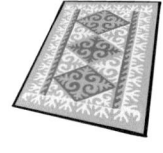

paklājs

karpet

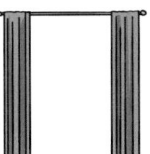

aizkars

korden

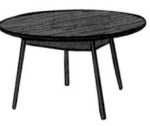

galds

meja

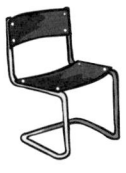

krēsls

kursi

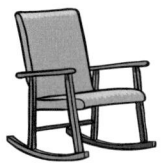

šūpuļkrēsls

kursi goyang

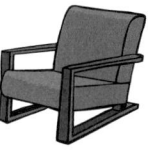

atpūtas krēsls

kursi malas

grāmata

buku

sega

selimut

dekorācija

dekorasi

malka

kayu bakar

filma

filem

mūzikas centrs

hi-fi

atslēga

kunci

avīze

koran

glezna

lukisan

plakāts

poster

radio

radio

pierakstu blociņš

buku tulis

putekļu sūcējs

penyedot debu

kaktuss

kaktus

svece

lilin

virtuve
dapur

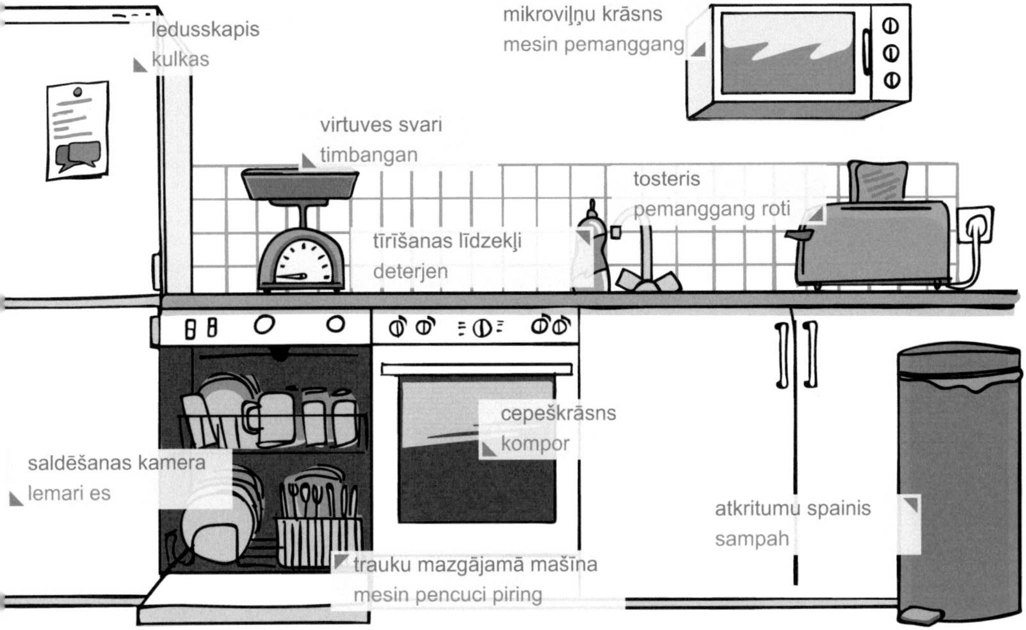
ledusskapis
kulkas
mikroviļņu krāsns
mesin pemanggang
virtuves svari
timbangan
tosteris
pemanggang roti
tīrīšanas līdzekļi
deterjen
cepeškrāsns
kompor
saldēšanas kamera
lemari es
atkritumu spainis
sampah
trauku mazgājamā mašīna
mesin pencuci piring

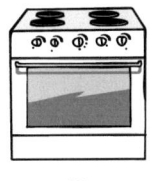

plīts

kompor

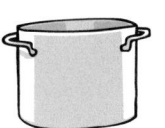

pods

panci

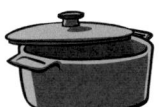

katls

panci besi

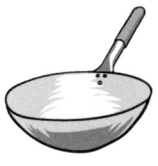

Wok panna

wajan

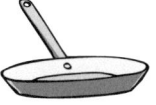

panna

panci

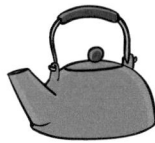

elektriskā tējkanna

pemanas air

tvaika katls

panci pengukus makanan

cepešpanna

nampan

trauki

piring

krūze

cangkir

bļoda

mangkok

irbulīši

sumpit

kauss

sendok sup

lāpstiņa

sudip

putošanas slotiņa

mengocok

sietiņš

saringan

siets

saringan

rīve

parutan

piesta

mortir

grilēt

barbeque

atklāts pavards

api terbuka

dēlis
papan memotong

mīklas rullis
gilingan

korķu vilķis
alat pembuka botol

bundža
kaleng

konservu nazis
pembuka kaleng

virtuves cimdi
pegangan panci

izlietne
wastafel

birste
sikat

sūklis
busa

mikseris
mesin pencampur

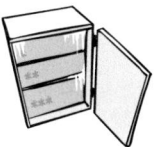

saldētava
lemari es

bērna pudelīte
botol bayi

ūdenskrāns
keran

vannas istaba
kamar mandi

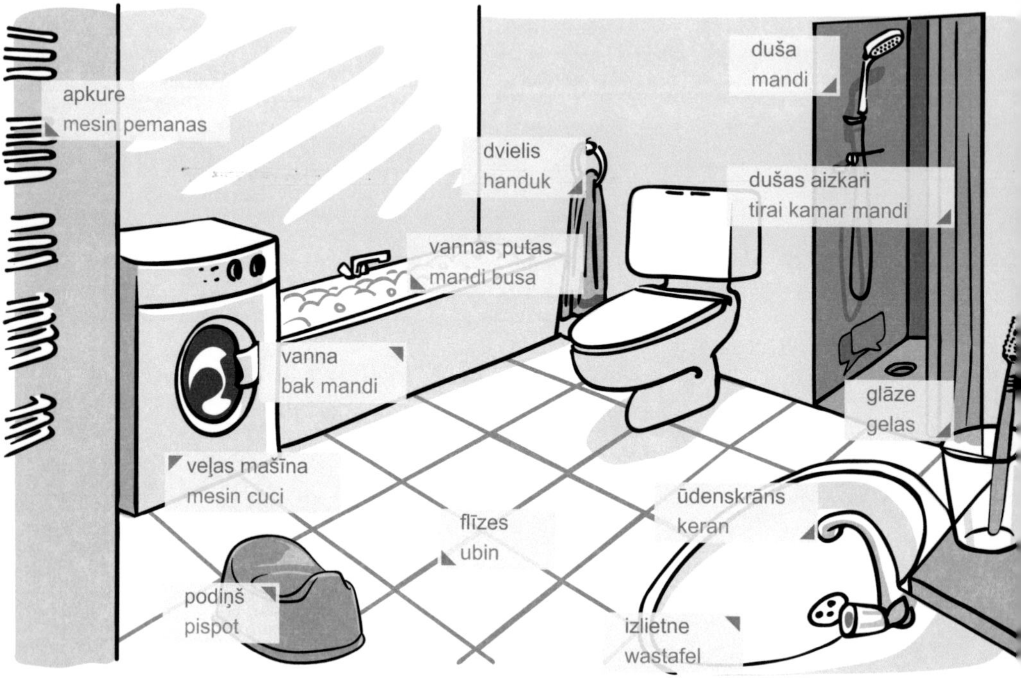

apkure
mesin pemanas
duša
mandi
dvielis
handuk
dušas aizkari
tirai kamar mandi
vannas putas
mandi busa
vanna
bak mandi
glāze
gelas
veļas mašīna
mesin cuci
ūdenskrāns
keran
flīzes
ubin
podiņš
pispot
izlietne
wastafel

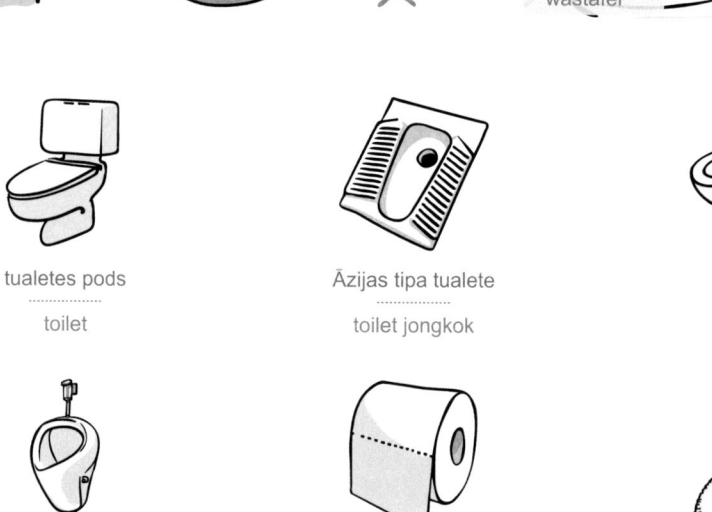

tualetes pods
toilet

Āzijas tipa tualete
toilet jongkok

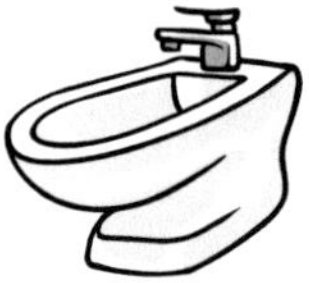

bidē
bidet

pisuārs
pissoir

tualetes papīs
kertas toilet

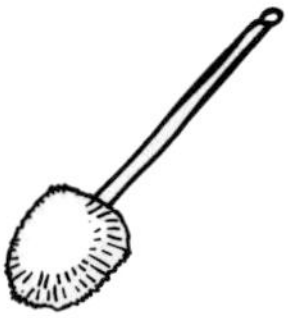

tualetes birste
sikat toilet

zobu birste

sikat gigi

zobu pasta

pasta gigi

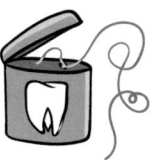

zobu diegs

benang gigi

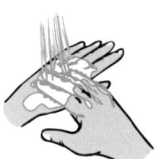

mazgāt

menyuci

rokas duša

pancuran tangan

duša

pancuran

bļoda

bak

muguras mazgāšanas birste

sikat punggung

ziepes

sabun

dušas želeja

gel mandi

šampūns

sampo

mazgāšanas drāna

planel

noteka

kuras

krēms

krim

dezodorants

deodoran

spogulis

kaca

spogulītis

cermin tangan

skuveklis

pisau cukur

skūšanās putas

busa cukur

losjons pēc skūšanās

aftershave

ķemme

sisir

matu suka

sikat

matu fēns

alat pengering rambut

matu laka

semprot rambut

grima komplekts

makeup

lūpu krāsa

lipstik

nagulaka

cat kuku

vate

kapas

šķērītes

gunting kuku

smaržas

minyak wangi

kosmētikas maks

kantong pencuci

ķeblītis

bangku

svari

timbangan

halāts

mantel mandi

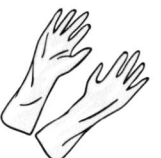

tīrīšanas cimdi

sarung tangan karet

tampons

tampon

pakete

handuk pembalut

ķīmiskā tualete

toilet kimia

bērnu istaba
kamar anak

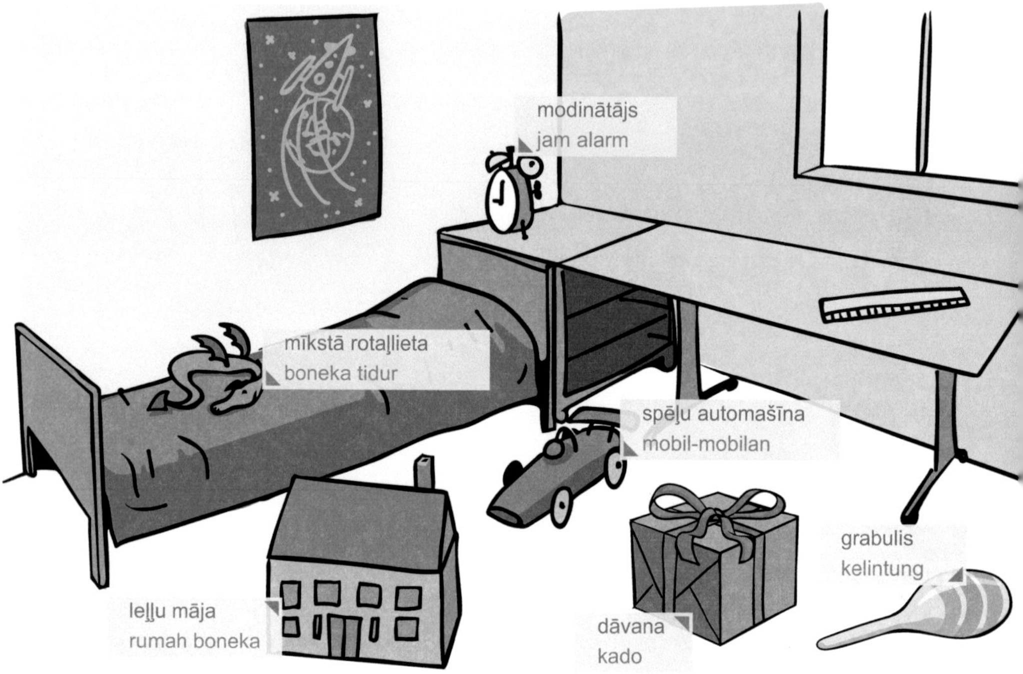
modinātājs
jam alarm
mīkstā rotaļlieta
boneka tidur
spēļu automašīna
mobil-mobilan
grabulis
kelintung
leļļu māja
rumah boneka
dāvana
kado

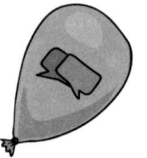

balons

balon

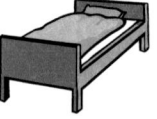

gulta

tempat tidur

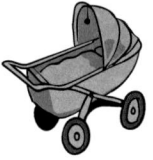

bērnu ratiņi

kereta bayi

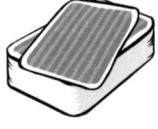

kārtis

mainan kartu

puzle

teka-teki

SUPER
MEGA

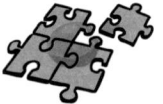

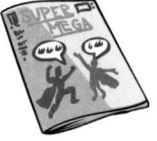

komikss

komik

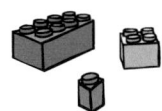

LEGO klucīši

mainan lego

klucīši

blok mainan

varoņu figūra

figur aksi

rāpulītis

baju monyet

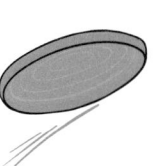

lidojošais šķīvītis

frisbee

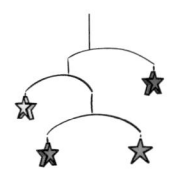

muzikālais karuselis

mobile

galda spēle

permainan papan

metamais kauliņš

dadu

rotaļu dzelzceļš

set model kreta api

māneklis

dot

ballīte

pesta

bilžu grāmata

buku gambar

bumba

bola

lelle

boneka

spēlēt

bermain

smilšu kaste

tempat main pasir

šūpoles

ayunan

rotaļlietas

mainan

spēļu konsole

video game konsol

trīsritenis

sepeda roda tiga

plīša lācītis

teddy

drēbju skapis

lemari pakaian

apģērbs

pakaian

īszeķes

kaos kaki

zeķes

kaos kaki

zeķbikses

baju ketat

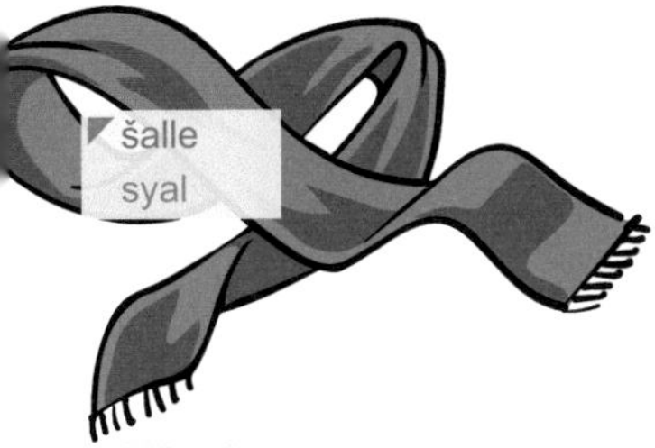

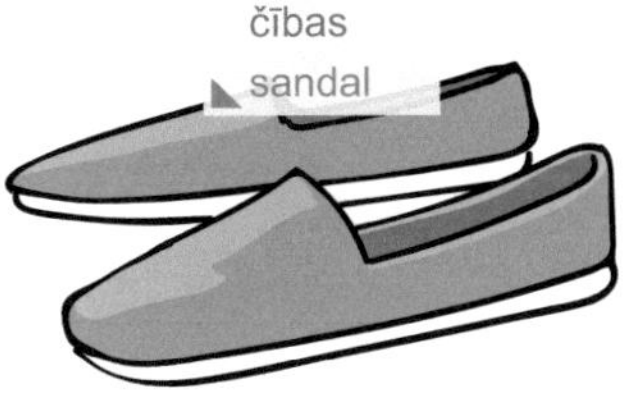

šalle
syal

lietussargs
payung

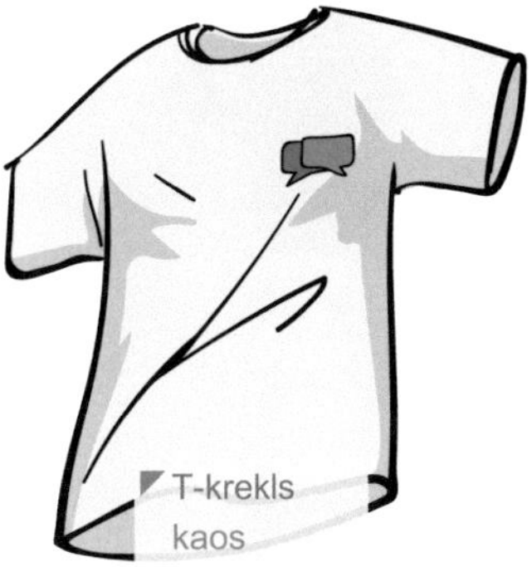

T-krekls
kaos

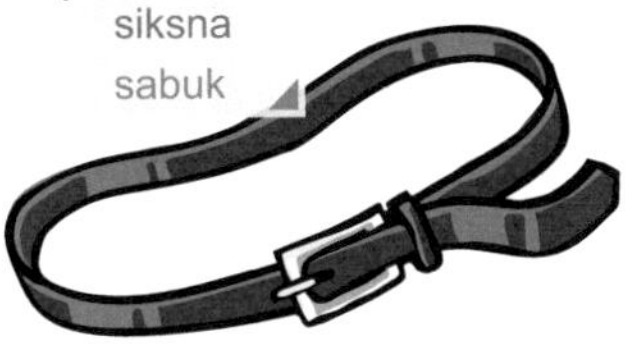

siksna
sabuk

zābaks
sepatu bot

čības
sandal

botas
sepatu

sandales

sandal

kurpes

sepatu

gumijas zābaki

sepatu bot karet

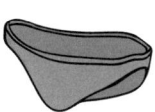

apakšbikses

celana dalam

krūšturis

BH

apakškrekls

baju rompi

apģērbs - pakaian

bodijs

body

bikses

celana

džinsi

jeans

svārki

rok

blūze

blus

krekls

kemeja

pulovers

aket berkerudung

džemperis

sweater

žakete

jaket

jaka

jaket

mētelis

mantel

lietus mētelis

jas hujan

kostīms

kostum

kleita

gaun

kāzu kleita

gaun pengantin

apģērbs - pakaian

uzvalks

setelan resmi

naktskrekls

gaun tidur

pidžama

piyama

sari

sari

lakats

jilbab

turbāns

turban

burka

burka

kaftāns

kaftan

abaja

abaya

peldkostīms

pakaian renang

peldbikses

celana renang

šorti

celana pendek

treniņtērps

olah raga

priekšauts

celemek

cimdi

sarung tangan

poga

kancing

brilles

kacamata

rokassprādze

gelang

kaklarota

kalung

gredzens

cincin

auskars

anting

cepure

topi

drēbju pakaramais

gantungan mantel

platmale

topi

kaklasaite

dasi

rāvējslēdzējs

ritsleting

ķivere

helm

bikšturi

tali selempang

skolas forma

seragam sekolah

uniforma

seragam

priekšautiņš
....
oto

māneklis
....
dot

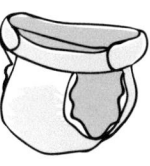

autiņbiksītes
....
popok

birojs
kantor

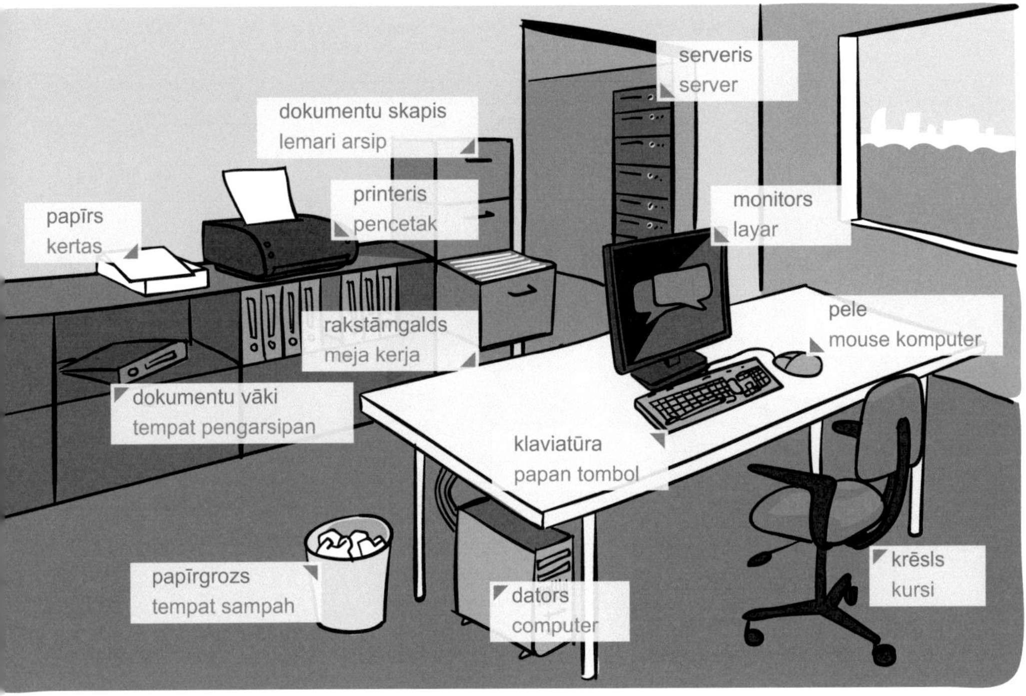

serveris
server

dokumentu skapis
lemari arsip

printeris
pencetak

papīrs
kertas

monitors
layar

rakstāmgalds
meja kerja

pele
mouse komputer

dokumentu vāki
tempat pengarsipan

klaviatūra
papan tombol

papīrgrozs
tempat sampah

dators
computer

krēsls
kursi

kafijas krūze
....
cangkir kopi

kalkulators
....
kalkulator

internets
....
internet

portatīvais dators
laptop

vēstule
surat

ziņa
pesan

mobilais tālrunis
telepon seluler

tīkls
jaringan

kopētājs
fotokopi

programmatūra
software

telefons
telepon

rozete
plug soket

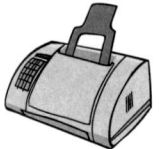

faksa aparāts
mesin fax

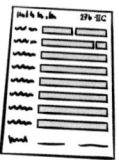

formulārs
formulir

dokuments
dokumen

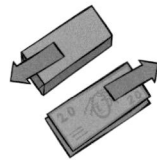

pirkt
membeli

samaksāt
membayar

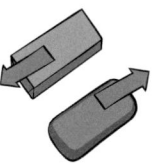

tirgot
berdagang

nauda
uang

 **USD**

dolārs
Dollar

 **EUR**

eiro
Euro

JPY

jēna
Yen

RUB

rublis
Rubel

CHF

franks
Franc Swiss

CNY

juaņa renminbi
Renminbi Yuan

INR

rūpija
Rupiah

bankomāts
ATM

valūtas maiņas punkts

kantor pertukaran mata uang

zelts

emas

sudrabs

perak

nafta

minyak

enerģija

energi

cena

harga

līgums

kontrak

nodoklis

pajak

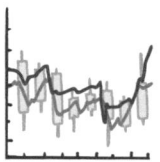

akcija

saham

strādāt

bekerja

darbinieks

karyawan

darba devējs

majikan

fabrika

pabrik

veikals

toko

profesijas
pekerjaan

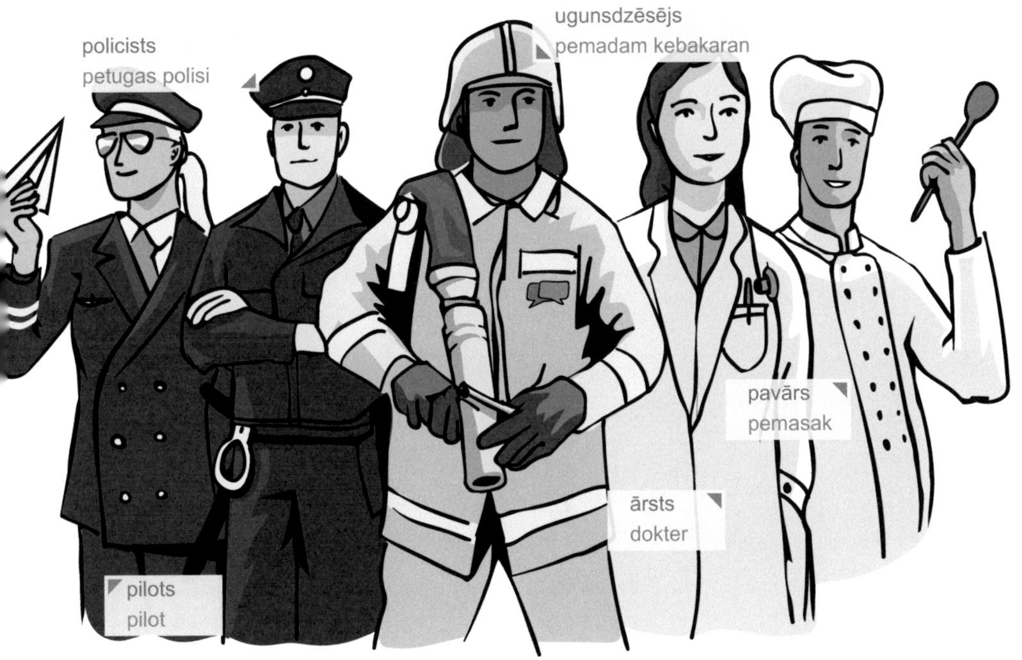

policists
petugas polisi
ugunsdzēsējs
pemadam kebakaran
pavārs
pemasak
ārsts
dokter
pilots
pilot

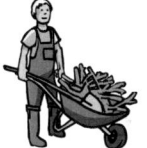

dārznieks

tukan kebun

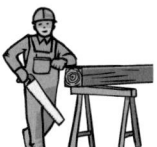

galdnieks

tukang kayu

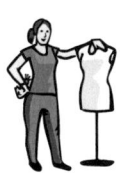

šuvēja

penjahit wanita

tiesnesis

hakim

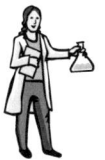

ķīmiķis

ahli kimia

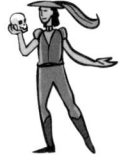

aktieris

aktor

autobusa vadītājs

sopir bis

taksometra vadītājs

sopir taksi

zvejnieks

nelayan

apkopēja

pembantu

jumiķis

tukang atap

viesmīlis

pelayan

mednieks

pemburu

gleznotājs

pelukis

maiznieks

tukang roti

elektriķis

tukang listrik

celtnieks

pembangun

inženieris

insinyur

miesnieks

tukang daging

skārdnieks

tukang ledeng

pastnieks

tukang pos

karavīrs

tentara

arhitekts

arsitek

kasieris

kasir

florists

penjual bunga

frizieris

penata rambut

konduktors

konduktor

mehāniķis

montir

kapteinis

kapten

zobārsts

dokter gigi

zinātnieks

ilmuwan

rabīns

rabbi

imāms

imam

mūks

biarawan

mācītājs

pendeta

instrumenti
alat

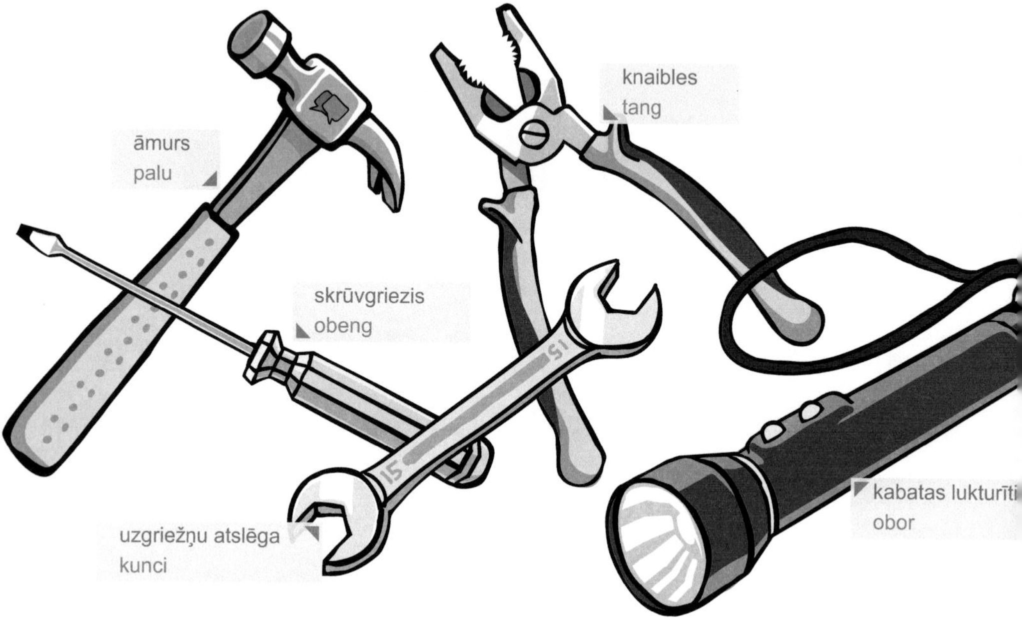

āmurs
palu
knaibles
tang
skrūvgriezis
obeng
uzgriežņu atslēga
kunci
kabatas lukturīti
obor

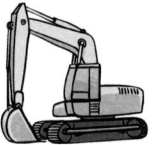

ekskavators

penggali

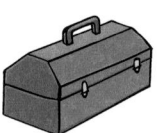

instrumentu kaste

tas perkakas

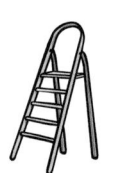

kāpnes

tangga

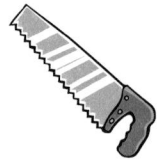

zāģis

gergaji

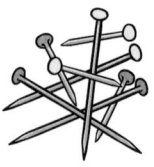

naglas

paku

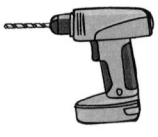

urbis

bor

remontēt

perbaikan

lāpsta

sekop

Velns!

Sialan!

liekšķere

cikrak

krāsas bundža

pot cat

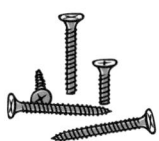

skrūves

sekrup

mūzikas instrumenti
alat musik

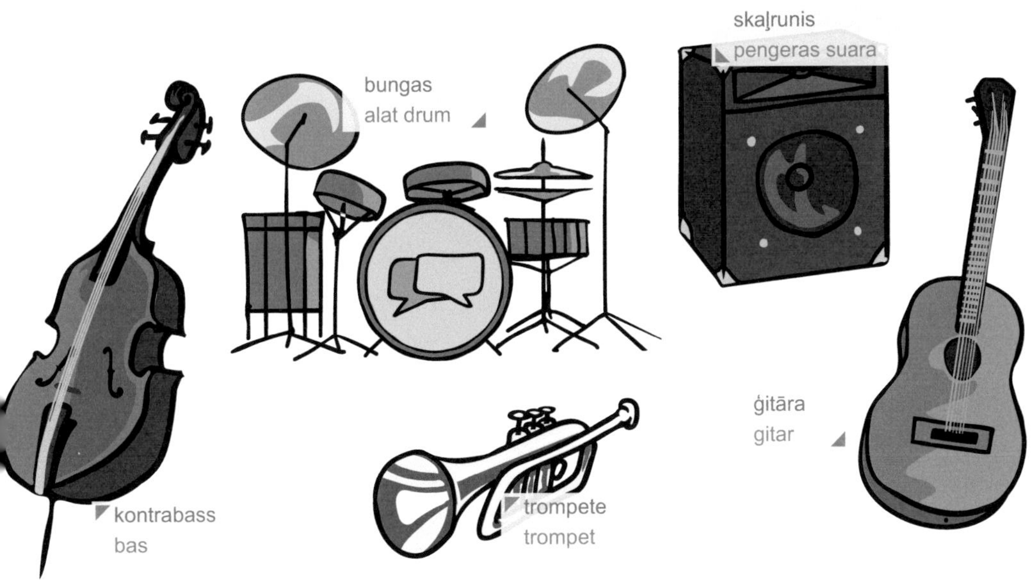

bungas
alat drum

skaļrunis
pengeras suara

ģitāra
gitar

kontrabass
bas

trompete
trompet

klavieres
piano

vijole
violin

bass
bass

timpāni
tambur

bungas
drum

digitālās klavieres
keyboard

saksofons
saksofon

flauta
suling

mikrofons
mikrofon

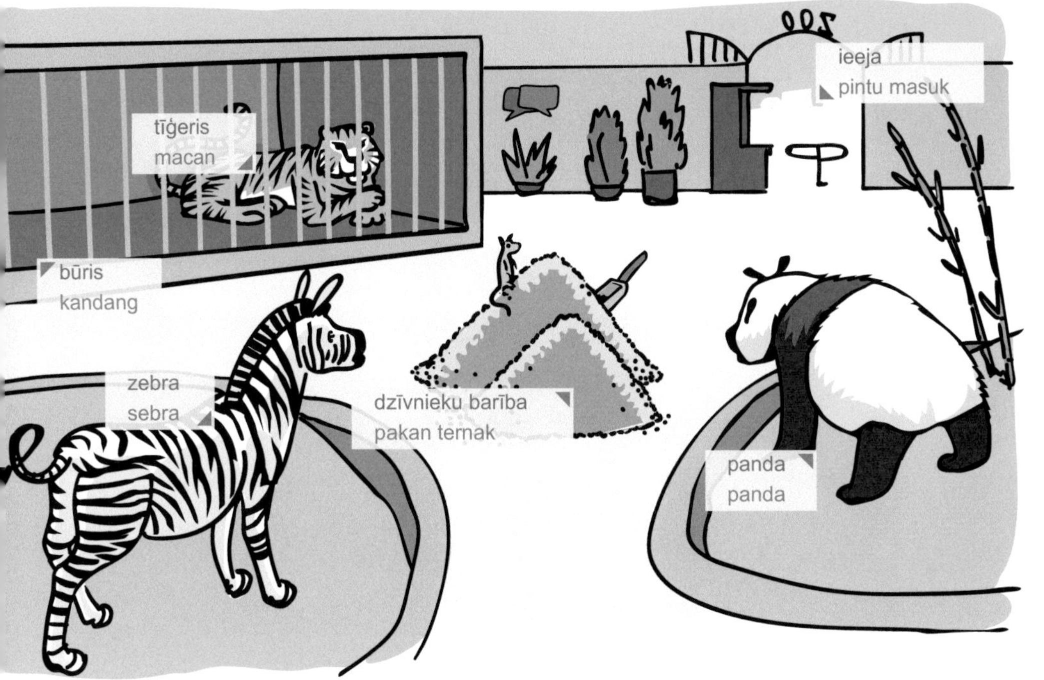

tīģeris
macan

ieeja
pintu masuk

būris
kandang

zebra
sebra

dzīvnieku barība
pakan ternak

panda
panda

dzīvnieki

hewan

zilonis

gajah

ķengurs

kanguru

degunradzis

badak

gorilla

gorila

lācis

beruang

kamielis

unta

strauss

burung unta

lauva

singa

pērtiķis

monyet

flamings

flamingo

papagailis

burung beo

polārlācis

beruang polar

pingvīns

penguin

haizivs

hiu

pāvs

merak

čūska

ular

krokodils

buaya

zoodārza sargs

penjaga kebun binatang

ronis

segel

jaguārs

jaguar

ponijs

kuda poni

leopards

macan tutul

nīlzirgs

kuda nil

žirafe

jerapah

ērglis

burung elang

meža cūka

babi jantan

zivs

ikan

bruņurupucis

kura-kura

valzirgs

anjing laut

lapsa

rubah

gazele

kijang

amerikāņu futbols
american football

riteņbraukšana
naik sepeda

teniss
tennis

basketbols
basketbal

peldēšana
bernang

bokss
tinju

hokejs
hoki es

futbols

sepak bola

badmintons

badminton

vieglatlētika

atletik

rokas bumba

bola tangan

slēpošana

main ski

polo

polo

darbības
aktivitas

smieties
ketawa
lēkt
meloncat
apskaut
memeluk
iet
berjalan
dziedāt
menyanyi
sapņot
mengimpi
lūgt
berdoa
skūpstīt
mencium

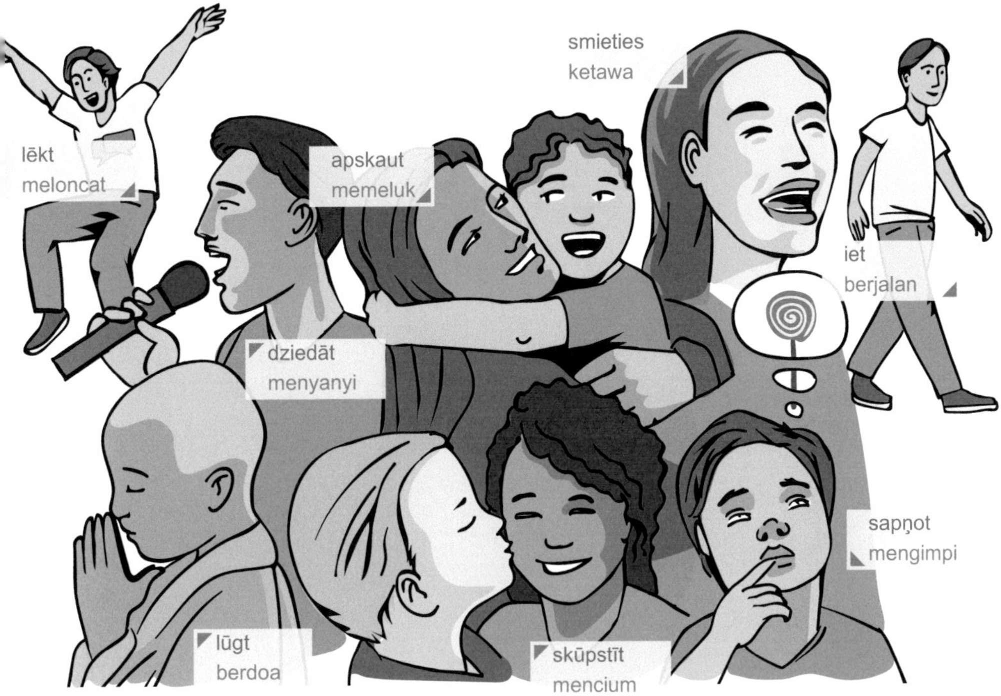

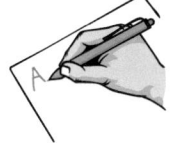

rakstīt

menulis

zīmēt

melukis

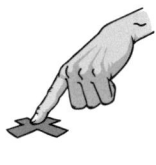

rādīt

menunjuk

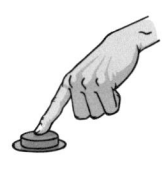

spiest

mendorong

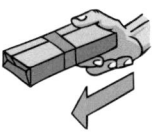

dot

memberikan

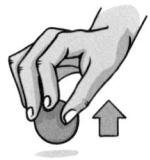

ņemt

mengambil

būt

mempunyai

darīt

melakukan

būt

adalah

stāvēt

berdiri

skriet

berlari

vilkt

menarik

mest

melempar

krist

jatuh

gulēt

tidur

gaidīt

menunggu

nest

membawa

sēdēt

duduk

uzģērbt

berpakaian

gulēt

tidur

pamosties

bangun

skatīties

melihat

raudāt

menangis

glāstīt

mengelus

ķemmēt

menyisir

runāt

berbicara

saprast

mengerti

jautāt

menanyak

dzirdēt

mendengar

dzert

minum

ēst

makan

sakārtot

merapikan

mīlēt

cinta

vārīt

memasak

braukt

menyetir

lidot

terbang

burot

berlayar

rēķināt

menghitung

lasīt

membaca

mācīties

belajar

strādāt

bekerja

precēties

menikah

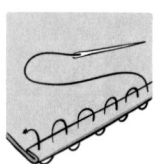

šūt

menjahit

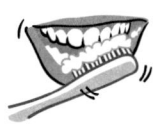

tīrīt zobus

sikat gigi

nogalināt

membunuh

smēķēt

merokok

sūtīt

kirim

ģimene
keluarga

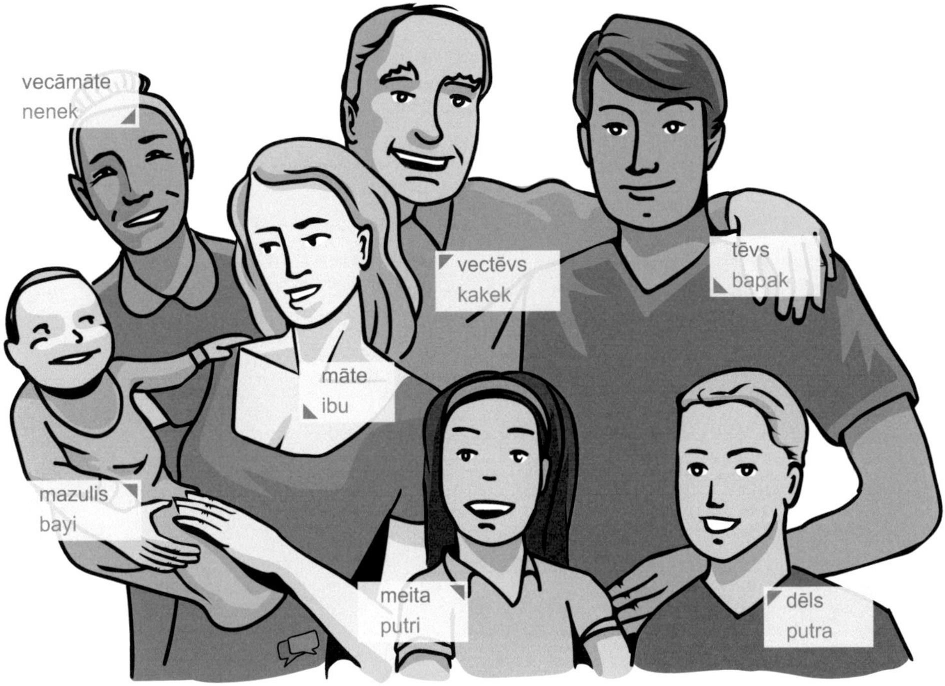
vecāmāte
nenek
vectēvs
kakek
tēvs
bapak
māte
ibu
mazulis
bayi
meita
putri
dēls
putra

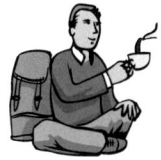

viesis

tamu

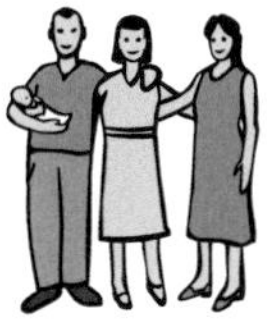

tante

bibi

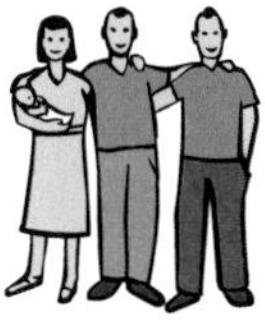

onkulis

paman

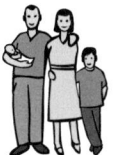

brālis

kakak laki

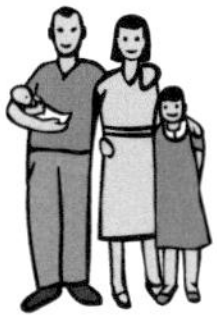

māsa

kakak perempuan

ķermenis
badan

piere
dahi
acs
mata
plecs
bahu
pirksts
jari
seja
muka
zods
dagu
roka
tangan
kāja
kaki
krūtis
payudara
roka
lengan

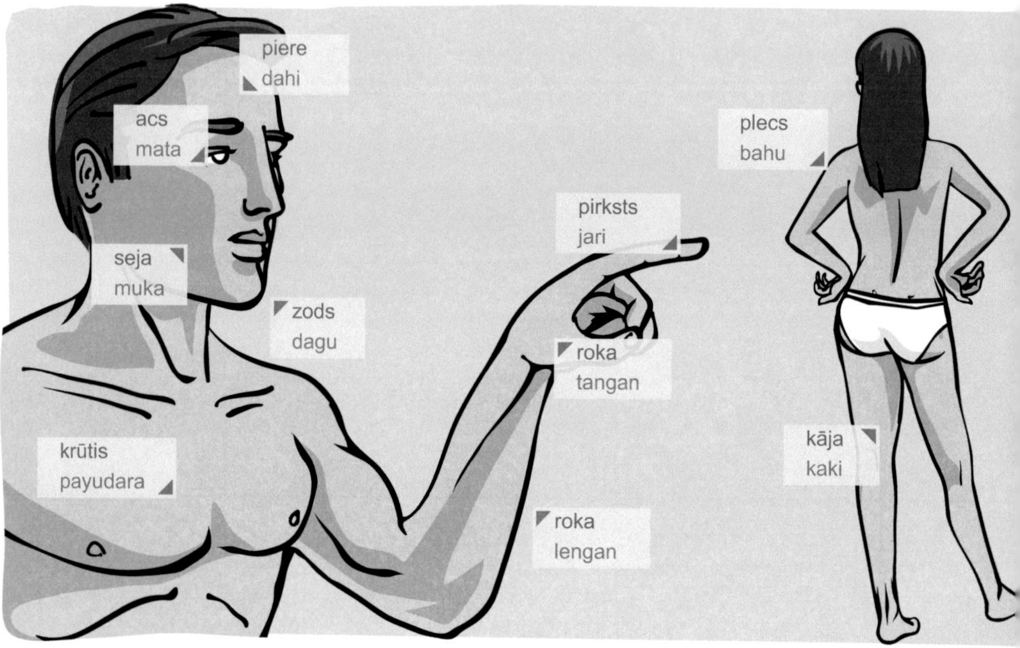

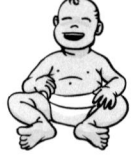

mazulis

bayi

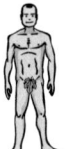

vīrietis

pria

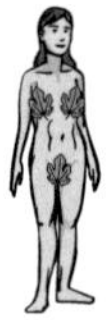

sieviete

wanita

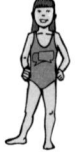

meitene

perempuan

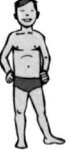

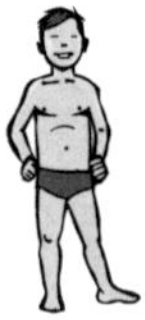

zēns

laki

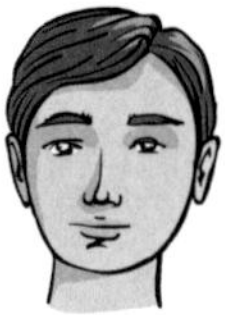

galva

kepala

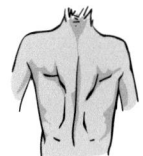

mugura

punggung

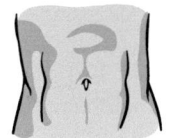

vēders

perut

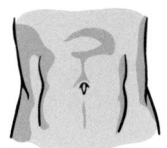

naba

pusar

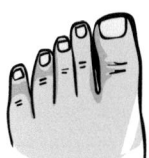

kājas pirksts

toe

papēdis

tumit

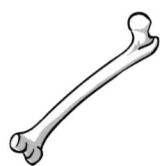

kauls

tulang

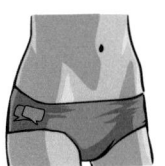

gurns

pinggang

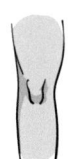

celis

lutut

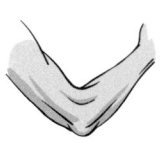

elkonis

siku

deguns

hidung

dibens

pantat

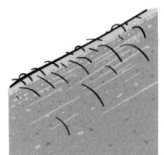

āda

kulit

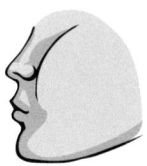

vaigs

pipi

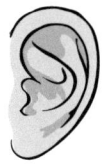

auss

telinga

lūpa

bibir

ķermenis - badan

mute

mulut

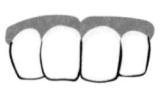

zobs

gigi

mēle

lidah

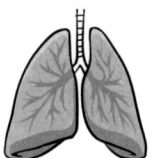

smadzenes

otak

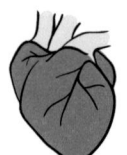

sirds

jantung

muskulis

otot

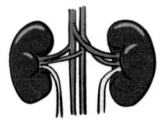

plaušas

paru-paru

aknas

hati

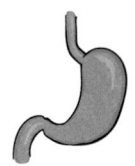

kuņģis

stomach

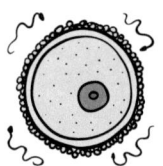

nieres

ginjal

dzimumakts

hubungan seks

kondoms

kondom

olšūna

sel telur

sperma

sperma

grūtniecība

kehamilan

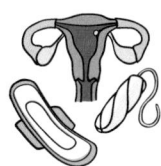

menstruācijas

menstruasi

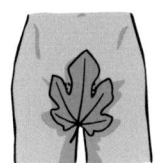

vagīna

vagina

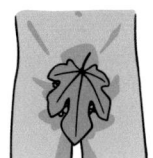

penis

penis

uzacs

alis

mati

rambut

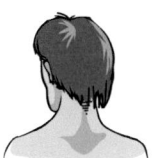

kakls

leher

slimnīca
rumah sakit

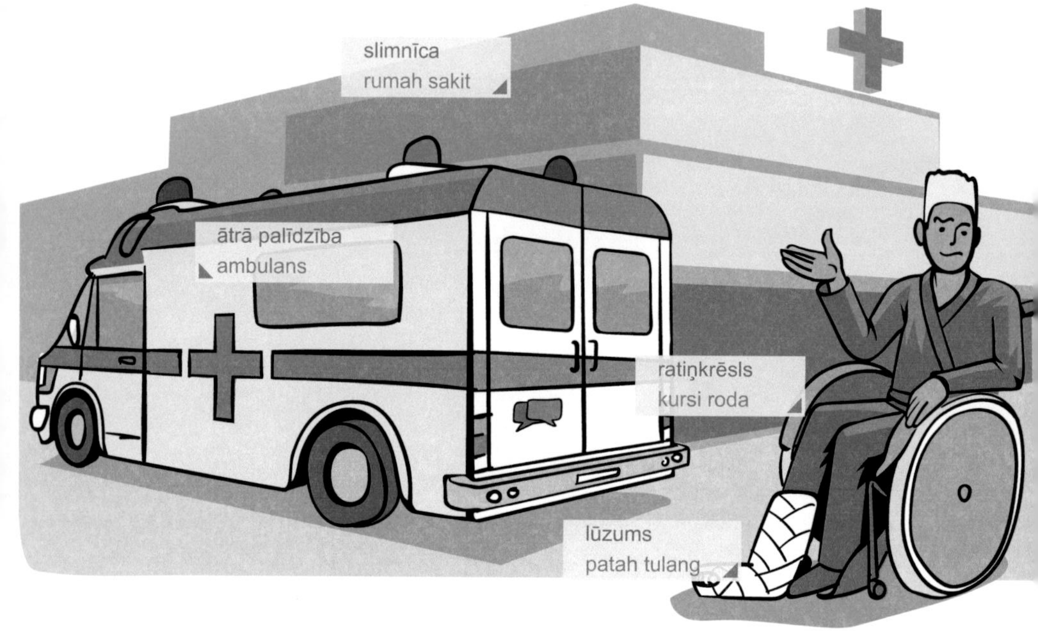

slimnīca
rumah sakit
ātrā palīdzība
ambulans
ratiņkrēsls
kursi roda
lūzums
patah tulang

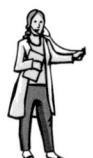

ārsts

dokter

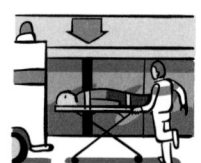

neatliekamās palīdzības nodaļa

ruang darurat

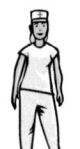

medmāsa

perawat

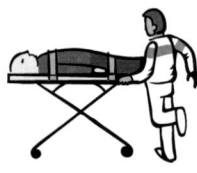

ārkārtas gadījums

darurat

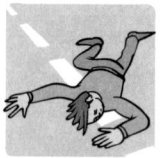

paģībis

semaput

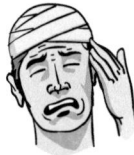

sāpes

sakit

ievainojums

cedera

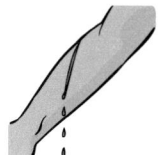

asiņošana

perdarahan

sirdslēkme

serangan jantung

insults

stroke

alerģija

alergi

klepus

batuk

temperatūra

demam

gripa

flu

caureja

diare

galvassāpes

sakit kepala

vēzis

kanker

diabēts

diabetes

ķirurgs

ahli bedah

skalpelis

pisau bedah

operācija

operasi

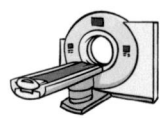

datortomogrāfija

CT

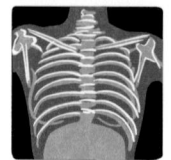

rentgents

sinar x

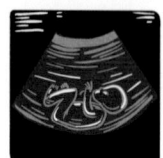

ultraskaņa

usg

sejas maska

topeng

slimība

penyakit

uzgaidāmā telpa

ruang tunggu

kruķis

penyokong

plāksteris

plester

apsējs

perban

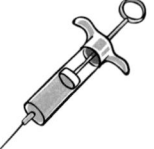

injekcija

injeksi

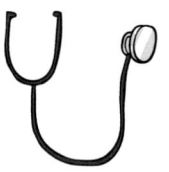

stetoskops

stetoskop

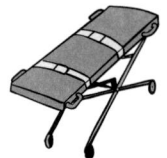

nestuves

usungan

termometrs

termometer klinis

dzemdības

kelahiran

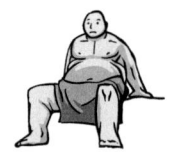

liekais svars

kelebihan berat badan

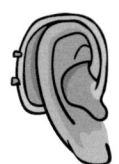

dzirdes aparāts

alat pendengar

dezinfekcijas līdzeklis

desinfektan

infekcija

infeksi

vīruss

virus

HIV / AIDS

HIV / AIDS

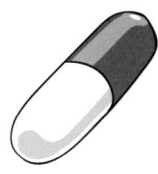

zāles

obat

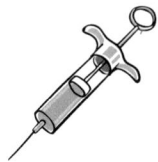

pote

vaksinasi

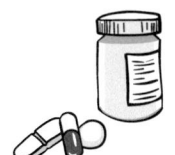

tabletes

tablet

pretapaugļošanās tablete

pil

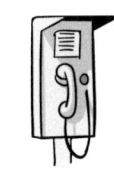

ārkārtas izsaukums

panggilan darurat

asinsspiediena mērītājs

ukur tekanan darah

slims / vesels

sakit / sehat

Palīgā!

Tolong!

trauksme

alarm

uzbrukums

penyerbuan

uzbrukums

serangan

bīstamība

bahaya

avārijas izeja

pintu darurat

Uguns!

Api!

ugunsdzēšamais aparāts

alat pemadam kebakaran

negadījums

kecelakaan

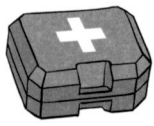

pirmās palīdzības aptieciņa

kit pertolongan pertama

SOS

SOS

policija

polisi

Eiropa

Eropa

Ziemeļamerika

Amerika Utara

Dienvidamerika

Amerika Selatan

Āfrika

Afrika

Āzija

Asia

Austrālija

Australi

Atlantijas okeāns

Atlantik

Klusais okeāns

Pasifik

Indijas okeāns

Samudra India

Dienvidu okeāns

Samudra Antartika

Ziemeļu ledus okeāns

Samudra Arktik

Ziemeļpols

kutub utara

Dienvidpols

kutub selatan

Antarktika

Antarktika

zeme

bumi

zeme

tanah

jūra

laut

sala

pulau

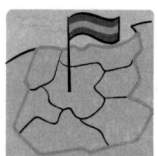

nācija

bangsa

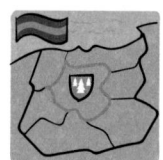

valsts

negara

zeme - bumi

ciparnīca

jam wajah

stundu rādītājs

jarum pendek

minūšu rādītājs

jarum menit

sekunžu rādītājs

jarum detik

Cik ir pulkstenis?

Jam berapa?

diena

hari

laiks

waktu

tagad

sekarang

digitālais pulkstenis

jam digital

minūte

menit

stunda

jam

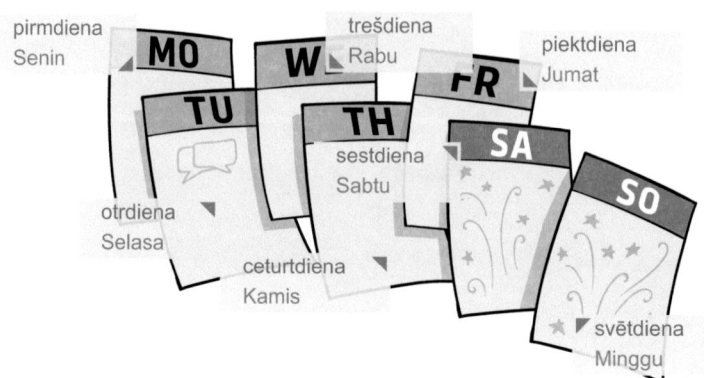

pirmdiena
Senin

trešdiena
Rabu

piektdiena
Jumat

sestdiena
Sabtu

otrdiena
Selasa

ceturtdiena
Kamis

svētdiena
Minggu

vakardien

kemaren

šodien

hari ini

rītdien

besok

rīts

pagi

pusdienlaiks

siang

vakars

malam

darbadienas

hari kerja

brīvdienas

akhir minggu

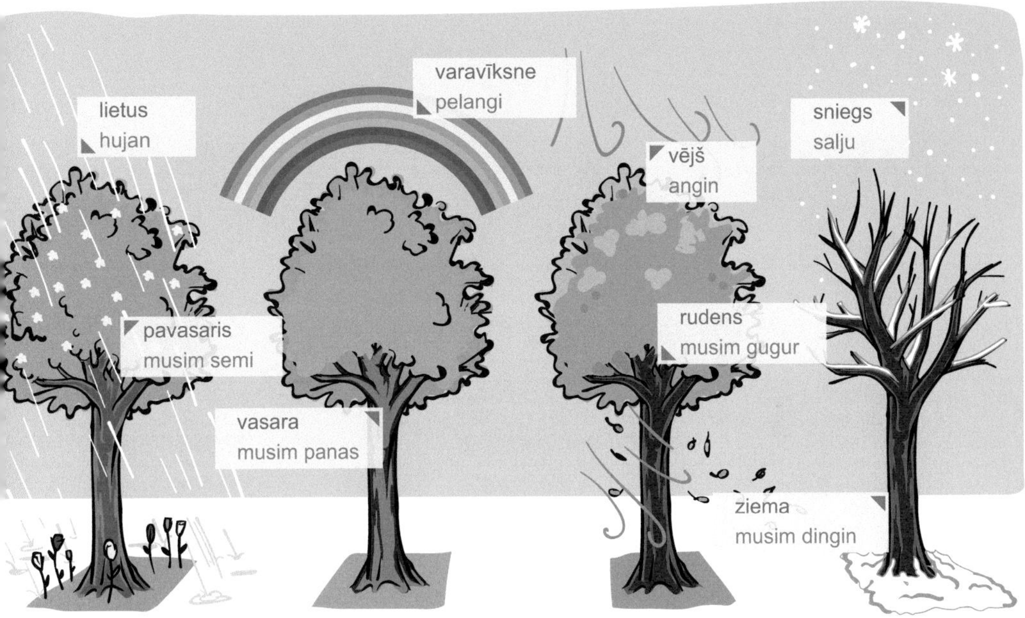

lietus
hujan

varavīksne
pelangi

sniegs
salju

vējš
angin

pavasaris
musim semi

rudens
musim gugur

vasara
musim panas

ziema
musim dingin

laika prognoze

ramalan cuaca

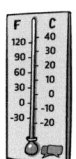

termometrs

termometer

saules gaisma

matahari

mākonis

awan

migla

kabut

gaisa mitrums

kelembahan

zibens

kilat

pērkons

guntur

vētra

badai

krusa

hujan es

musons

monsun

plūdi

banjir

ledus

es

janvāris

Januari

februāris

Februari

marts

Maret

aprīlis

April

maijs

Mei

jūnijs

Juni

jūlijs

Juli

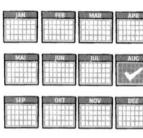

augusts

Agustus

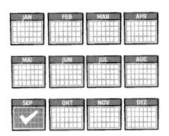

septembris
....
September

oktobris
....
Oktober

novembris
....
November

decembris
....
Desember

formas
bentuk

aplis
....
lingkaran

kvadrāts
....
persegi

četrstūris
....
persegi panjang

trīsstūris
....
segi tiga

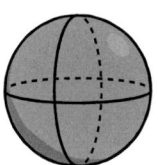

lode
....
bola

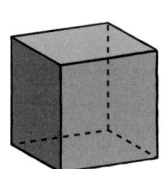

kubs
....
kubus

balts

putih

dzeltens

kuning

oranžs

oranye

sārts

pink

sarkans

merah

lillā

ungu

zils

biru

zaļš

hijau

brūns

coklat

pelēks

abu-abu

melns

hitam

daudz / maz

banyak / sedikit

saniknots / miermīlīgs

marah / tenang

skaists / neglīts

cantik / jelek

sākums / beigas

mulaih / selesai

liels / mazs

besar / kecil

gaišs / tumšs

terang / gelap

brālis / māsa

saudara laki-laki / saudara perempuan

tīrs / netīrs

bersih / kotor

pilnīgs / nepilnīgs

lengkap / tidak lengkap

diena / nakts

hari / malam

miris / dzīvs

mati / hidup

plats / šaurs

luas / sempit

baudāms / nebaudāms

dapat dimakan / tidak dapat dimakan

nikns / laipns

jahat / baik

satraukts / garlaikots

bersemangat / bosan

resns / tievs

gemuk / kurus

pirmais /pēdējais

pertama / terakhir

draugs / ienaidnieks

teman / musuh

pilns / tukšs

penuh / kosong

ciets / mīksts

keras / lembut

smags / viegls

berat / enteng

izsalkums / slāpes

lapar / haus

slims / vesels

sakit / sehat

nelegāls / legāls

ilegal / legal

inteliģents / dumjš

cerdas / bodoh

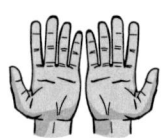

kreisais / labais

kiri / kanan

tuvu / tālu

dekat / jauh

pretstati - berlawanan

jauns / lietots

baru / bekas

nekas / kaut kas

tidak ada apapun / sesuatu

vecs / jauns

tua / muda

ieslēgts / izslēgts

nyala / mati

atvērts / slēgts

buka / tutup

kluss / skaļš

tenang / keras

bagāts / nabags

kaya / miskin

pareizi / nepareizi

benar / salah

raupjš / gluds

kasar / halus

noskumis / laimīgs

sedih / gembira

īss / garš

pendek / panjang

lēns / ātrs

pelan-pelan / cepat

slapjš / sauss

basah / kering

silts / vēss

hangat / sejuk

karš / miers

perang / damai

0	**1**	**2**
nulle	viens	divi
nol	satu	dua

3	**4**	**5**
trīs	četri	pieci
tiga	empat	lima

6	**7**	**8**
seši	septiņi	astoņi
enam	tujuh	delapan

9	**10**	**11**
deviņi	desmit	vienpadsmit
sembilan	sepuluh	sebelas

12

divpadsmit

duabelas

13

trīspadsmit

tigabelas

14

četrpadsmit

empatbelas

15

piecpadsmit

limabelas

16

sešpadsmit

enambelas

17

septiņpadsmit

tujuhbelas

18

astoņpadsmit

delapanbelas

19

deviņpadsmit

sembilanbelas

20

divdesmit

duapuluh

100

simts

seratus

1.000

tūkstotis

seribu

1.000.000

miljons

juta

angļu

Inggris

amerikāņu angļu

bahasa Inggris Amerika

ķīniešu mandarīnu valoda

bahasa Cina Mandarin

hindi

bahasa Hindi

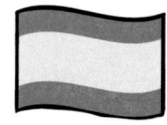

spāņu

bahasa Spanyol

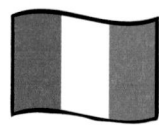

franču

bahasa Perancis

arābu

bahasa Arab

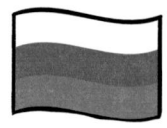

krievu

bahasa Rusia

portugāļu

bahasa Portugis

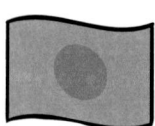

bengāļu

bahasa Bengal

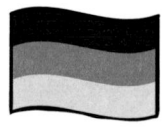

vācu

bahasa Jerman

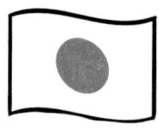

japāņu

bahasa Jepang

es

saya

tu

kamu

viņš / viņa

dia

mēs

kita

jūs

kalian

viņi / viņas

mereka

kas?

siapa?

ko?

apa?

kā?

begaimana?

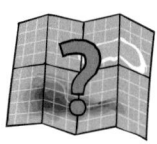

kur?

dimana?

kad?

kapan?

vārds

nama

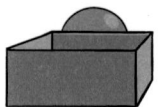

aiz

dibelakang

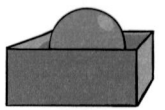

iekšā

di

priekšā

didepan

virs

diatas

uz

diatas

zem

dibawah

blakus

sebelah

starp

di antara

vieta

tempat